AF389954

PRÉSENTÉ AU ROY.
EXERCICE DE L'INFANTERIE FRANÇOISE.
Ord.ce du Roy du 6 May 1755

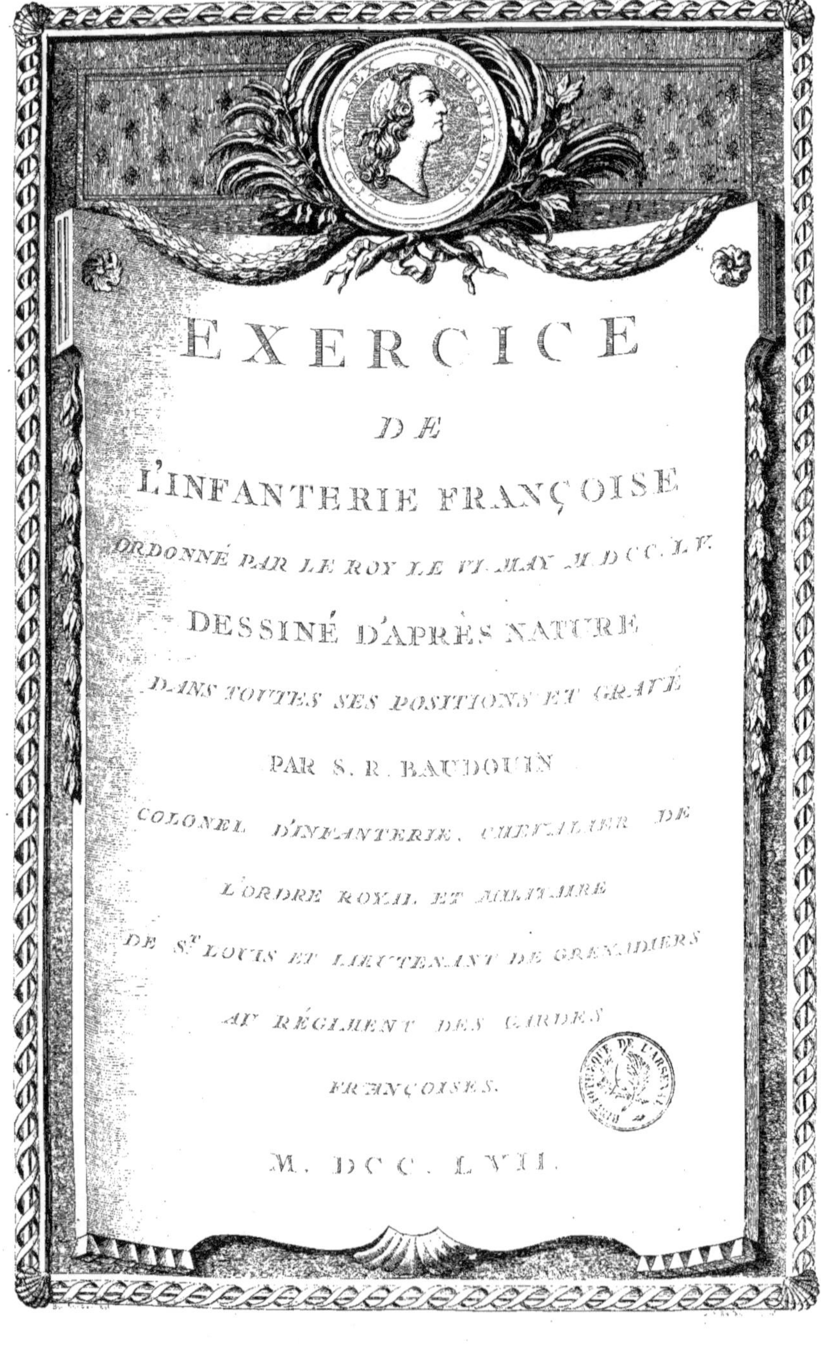
LVD. XV. REX CHRISTIANISS.

EXERCICE
DE
L'INFANTERIE FRANÇOISE
ORDONNÉ PAR LE ROY LE VI. MAY M.DCC.LV.
DESSINÉ D'APRÈS NATURE
DANS TOUTES SES POSITIONS ET GRAVÉ
PAR S. R. BAUDOUIN
COLONEL D'INFANTERIE, CHEVALIER DE
L'ORDRE ROYAL ET MILITAIRE
DE St. LOUIS ET LIEUTENANT DE GRENADIERS
AU RÉGIMENT DES GARDES
FRANÇOISES.
M. DCC. LVII.

AVERTISSEMENT.

Pour éviter dans ce recüeil, la répétition des figures; on a renvoyé aux mêmes numéros tous les temps, qui dans l'Exercice se trouvent absolument semblables.

On a été obligé d'en dessiner quelques unes de profil, parceque les parties distinctives de ces positions se trouvoient cachées, en regardant le Soldat de face.

La gradation des mouvements d'une position à une autre, est détaillée dans l'Ordonance du Roy du 6. May 1755, dont on a joint l'extrait à la fin de ce recüeil.

On a ajoûté une table des commandemens de l'inspection et du Maniement des armes, distribuée par temps avec les numéros des figures qui en représentent les positions.

TABLE

De tous les temps de l'Exercice de l'Infanterie françoise, suivant l'Ordonance du Roi du 6. May. 1755. avec les Numéros des Figures gravées qui en représentent les positions.

COMMANDEMENS POUR L'INSPECTION	N.° des Figures
Passez le fusil du côté de l'épée.	
1.er temps	3
2	4
3	5
4	6
Mettez la bayonette au bout du canon.	
1	7
2	8
3	9
Mettez la baguette dans le canon.	
1	10
2	9
Tirez vos épées.	
1	11
2	12
3	13
4	14
Remettez vos épées.	
1	13
2	15
3	16
4	17
Joignez la main droite à vos armes	9
Remettez la baguette en son lieu.	
1	18
2	9
Remettez la bayonette en son lieu.	
1	8
2	7
Joignez la main droite au fusil	6
Portez le fusil.	
1	4
2	3
3	2

COMMANDEMENS POUR LE MANIEMENT DES ARMES	N.° des Figures
Passez le fusil du côté de l'épée.	
1	3
2	4
3	5
4	6
Mettez la bayonette au bout du canon.	
1	7
2	8
3	9
Portez vos armes.	
1	19
2	20
3	21
A droite.	22
A gauche.	21
Demi tour à droite.	
1	23
2	24
3	25
Demi tour à droite par les trois mêmes positions que les précédentes.	
Haut les armes.	
1	19
2	26
Apprêtez vos armes.	
1.er rang	27
2.e rang	28
3.e rang	29
En joue	30
Feu	31
Mettez le chien en son repos	32
Prenez la cartouche	33
Déchirez la avec les dents.	
2	34
Amorcez	35
Fermez le bassinet	36
Passez vos armes du côté de l'épée	37
1	38
2	39
3	40

(suite)	N.° des Figures
Mettez la cartouche dans le Canon	4
Tirez la baguette	17
Bourrez	18
Remettez la baguette en son lieu	9
Portez vos armes.	
1	19
2	20
3	21
Presentez vos armes.	
1	20
2	20
3	42
Portez vos armes.	
1	20
2	21
Passez vos armes du côté de l'épée.	
1	20
2	10
3	43
4	9
Remettez la bayonette en son lieu.	
1	8
2	7
Joignez la main droite au fusil	6
Portez le fusil.	
1	4
2	3
3	2
Passez la platine sous le bras gauche.	
1	3
2	44
3	45
4	46
Portez le fusil.	
1	47
2	3
3	2
Renversez le fusil.	
1	3
2	48
3	49
4	50
5	51
Portez le fusil.	
1	47
2	48
3	3
4	2
Portez l'arme au bras.	
1	3
2	52
3	53
Portez le fusil.	
1	52
2	3
3	2
Reposez vous sur le fusil.	
1	3
2	48
3	54
4	55
Posez le fusil à terre.	
1	56
2	57
3	58
4	59
Reprenez le fusil.	
1	58
2	57
3	60
4	55
Portez le fusil.	
1	61
2	48
3	3
4	2
Officier portant l'esponton en marchant	62
Officier posé sur l'esponton	63

On trouvera par le moyen de cette Table, la Figure de chaque temps qu'on pourra désirer, en cherchant dans le recüeil le N.° qui y est indiqué.

Soldat portant le Fusil.

Passez le Fusil du côté de l'Epée.

1.^r Temps.

Passez le Fusil du côté de l'Épée.
2.e Temps.

Passez le Fusil du côte de l'Épée.
3.ᵉ Temps.

Passez le Fusil du côté de l'Epée.

4.ᵉ Temps.

Mettez la Bayonette au bout du Canon.

1.ᵉʳ Temps.

Mettez la Bayonette au bout du Canon.
2.ᵉ Temps.

Mettez la Bayonette au bout du Canon.

3.ᵉ Temps.

Mettez la Baguette dans le Canon.
1.er Temps.

Tirez vos épées.
3.e Temps.

Tirez vos Épées.

2.ᵉ Temps.

Tirez vos Épées.
3.ᵉ Temps.

Tirez vos Épées.
4.ᵉ Temps.

Remettez vos Épées.

2.ᵉ Temps.

Remettez vos Epées.

3.ᵉ Temps.

Remettez vos Épées.

4.ͤ Temps.

Remettez la Baguette en son lieu.
1.er Temps.

Portez vos Armes.

1.er Temps.

Portez vos Armes.

2.e Temps.

Portez vos Armes.

3.ᵉ Temps.

à Droite.

Demi tour à droite.

1.er Temps.

Demi-tour à droite.

2.e Temps.

Demi-tour à droite.

3.e Temps

Haut les Armes.

2.ᵉ Temps.

Apprêtez vos Armes.
1er Rang.

Apprêtez vos Armes.

2.ᵉ Rang.

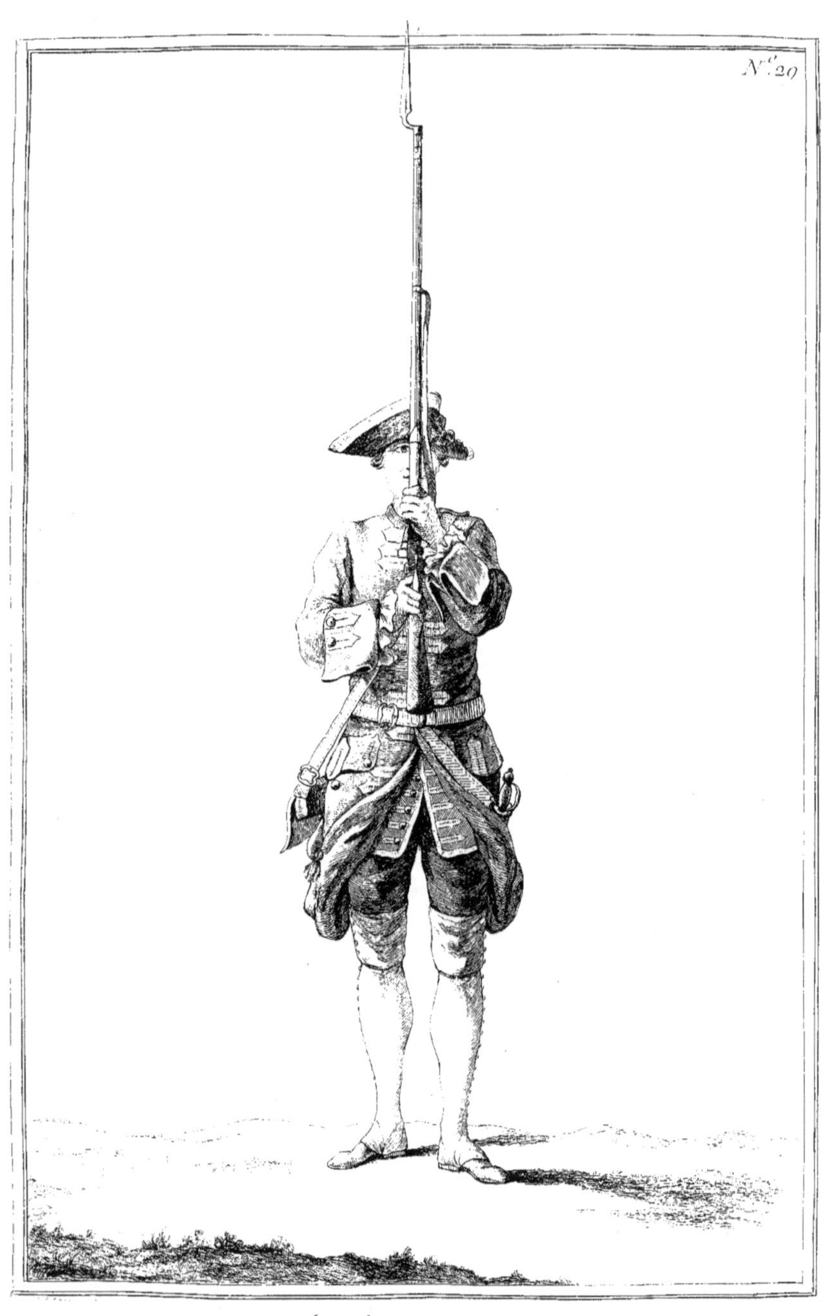

Apprêtez vos Armes.

3.ᵉ Rang.

Vu de profil
En joüe.

Vu de profil.

Feu.

Vû de profil.

Mettez le chien en son repos.

Vu de profil

Prenez la Cartouche.

Déchirez la Cartouche avec les dents.
I.ᵉʳ Temps.

Dechirez la Cartouche avec les dents.

2.e Tems.

Vû de profil.
Amorcez.

Vu de profil.

Fermez le Bassinet.

Passez vos Armes du côté de l'Épée.
1.er Tèmps.

Passez vos Armes du côté de l'Épée.

2e. Temps.

Passez vos Armes du côté de l'Épée.

3.º Temps.

Mettez la Cartouche dans le Canon

Présentez vos Armes.
3.ᵉ Temps.

Passez vos armes du côté de l'Épée.

3.e Temps.

Passez la platine sous le bras gauche.

2.e Temps.

Passez la platine sous le bras gauche.

3.ᵉ Temps.

Passez la platine sous le bras gauche.
4.ᵉ Temps.

Portez le Fusil.

1.er Temps.

Renversez le Fusil.
2.ᵉ Temps.

Renversez le Fusil.

3.º Temps

Renversez le Fusil.

41.e Temps.

Renversez le Fusil.
5.ᵉ Temps.

Portez l'arme au bras.
2.^e Temps.

Portez l'arme au bras.
3.ᵉ Temps.

Reposez vous sur le Fusil.
3.ᵉ Temps.

Reposez vous sur le Fusil.

4.ᵉ Temps

Posez le Fusil à terre.
1.er Temps.

Vu de profil
Posez le fusil à terre.
2.ᵉ Temps

Posez le Fusil à terre.
3.º Temps.

Posez le fusil à terre.
4.ᵉ Temps.

Reprenez le fusil.

3.ᵉ Temps.

Portez le Fusil.

1.ᵉʳ Temps.

Officier portant l'esponton.

Officier posé sur l'esponton

EXERCICE

DE L'INFANTERIE FRANÇOISE .

Extrait de l'Ordonance du Roy du 6. May 1755.

On à joint à la Suite de chaque temps le Numéro de la Figure qui en représente la position.

DU MANIEMENT DES ARMES.

Le Régiment ou le Bataillon étant en bataille à rangs ouverts, sur le terrein où il devra faire l'exercice, et les Officiers à la tête de leurs troupes, le Major dira :

Messieurs les Officiers, on va faire l'inspection des armes.

A cet avertissement, les Sergens feront un pas en arrière, et tous les Officiers ayant mis l'esponton sur le bras gauche, se placeront sur la droite ou sur la gauche de leurs troupes, selon qu'elles seront formées par la droite ou par la gauche, le Lieutenant à deux pas de la place qu'occupoit le premier sergent, et le Capitaine à quatre pas, les Officiers des deux Compagnies du même peloton se faisant face les uns aux autres, et ils examineront avec attention si les Soldats exécuteront avec précision les commandemens qui leur seront faits.

Le Colonel, le Lieutenant-colonel et les Commandans de bataillon se placeront à hauteur du Major, faisant face à leur bataillon, et observeront si tout le monde sera attentif à suivre ce qui sera ordonné.

Personne ne parlera que le Major, pas même pour reprendre le Soldat qui seroit en faute.

COMMANDEMENS POUR L'INSPECTION.

1.

Paſſez le fuſil du côté de l'épée.

En quatre temps : Au premier, le Soldat qui portera le fusil dans l'attitude cy-après prescrite au dixième commandement de l'inspection, et au premier du ma= niement des armes, saisira la crosse du fusil avec la main droite au dessous de la platine, sans remuer le fusil . . . . N.º 3.

Au deuxième, en portant le pied droit en équerre derrière le pied gauche, et faisant un demi à droite sur le talon gauche, il détachera le fusil de l'épaule pour le tenir à plomb, le canon en dehors, entre la tête et l'épaule gauche ; et la main gauche le saisira à la hauteur du menton, le bras droit étendu . . . . . . N.º 4.

Au troisième, la main gauche laissera tomber la crosse à deux pouces de ter= =re, sur la gauche du pied gauche, et la main droite saisira le canon à deux pouces de son extrémité, vis-à-vis, le menton, le canon toujours en dehors et l'ar= =me collée au corps . . . . N.º 5.

Au quatrième, on posera la crosse à terre à quatre pouces sur la gauche du pied gauche, de manière qu'elle se trouve sur l'alignement où étoit la pointe des deux pieds lorsque le Soldat faisoit face en tête, les mains ne changeant point de place, le bout du canon vis-à-vis, et à huit ou dix pouces de la cravate, la ba= =guette tournée vers le corps . . . . N.º 6.

2.

Mettez la bayonnette au bout du canon.

En trois temps : Au premier, tenant le fusil avec la main gauche, on portera la main droite à la bayonnette entre le corps et le fusil, et on la dé= =gagera du foureau pour la saisir au dessus de la douille . . . . N.º 7.

Au deuxième, on la portera à un pouce du bout du fusil, à la droite et dans la même direction que le canon, la douille parallèle et à la même hauteur que le canon . . . . N.º 8.

Au troisième, on l'emboîtera dans le canon, et tout de suite on rejoindra la main droite au bout du fusil . . . . N.º 9.

3.

Mettez la baguette dans le canon.

En deux temps: Au premier, on saisira la baguette avec le pouce et le premier doigt de la main droite, plaçant le pouce alongé le long du gros bout de la baguette, le premier doigt plié et le coude près du corps: on la chassera tout de suite à moitié hors des tenons en alongeant le bras droit brusquement de toute sa longueur; puis renversant la main, on empoignera la baguette près du bout du canon, et achevant de la tirer par un Second mouvement de bras tres-prompt, on la fera tourner, le bras droit tendu, derrière le dos du Soldat qui est au même rang à la droite, pour la porter brusquement sur le ceinturon, glissant aussi-tôt la main droite à quatre doigts du gros bout, et tenant la baguette parallèle au canon . . . . . . N.º 10

Au deuxième, on la portera de biais au bout du canon, dans lequel on la laissera tomber, et on reportera aussitôt la main droite au bout du fusil. . . . N.º 9

4.

Tirez vos épées.

En quatre temps: Au premier, quittant le fusil de la main droite on la portera à l'épée, pour la dégager un peu du fourreau, et en même temps ramenant le pied droit à côté du gauche, on redressera le fusil de la main gauche sans la changer de place, pour le tenir perpendiculaire, la crosse toujours posée à terre, et à la même place, la platine en dehors . . . . N.º 11

Au deuxième, on portera l'épée vis-à-vis l'œil droit, la pointe en haut, la main un demi-pied plus basse que le menton, et à quatre pouces du corps . . . N.º 12

Au troisième, on croisera l'épée sur le fusil, la passant sous les deux premiers doigts de la main gauche, qui se portera en même temps à deux pouces de l'extrémité du fusil, la pointe de l'épée plus élevée d'un pied que la poignée, la coquille à un pouce du canon . . . . N.º 13

Au quatrième, la main droite tombera pendante sur le côté . . . . N.º 14

Ces commandemens ayant été executés, les Commandans des pelotons, le Capitaine des Grenadiers et celui du piquet, passeront devant et derrière les rangs de leurs troupes pour visiter les armes et les cartouches des Soldats, lesquels, à mesure que cet Officier arrivera devant eux, saisiront le bout de la baguette avec le pouce et le premier doigt de la main droite, et l'élevant de trois pouces hors du canon, la laisseront retomber tout de suite, et porteront aussitôt la main droite au porte-cartouche pour en relever la patte, cette visite ayant principalement pour objet de s'assurer que les armes ne soient pas chargées, et que les cartouches soient bien fournies : quand l'Officier sera passé, le Soldat laissera tomber la main droite pendante sur le côté.

Lorsque la visite étant finie, ces Officiers seront retournés à leur place, le Major commandera :

5.

Remettez vos épées.

En quatre temps : Au premier, on reportera la main droite sur la poignée de l'épée . . . . N.° 13

Au deuxième on placera l'épée devant soi, comme au deuxième temps du quatrième commandement ; et la main gauche glissant le long du fusil, qu'elle contiendra entre le bras et l'épaule sans le changer de situation saisira le fourreau de l'épée . . . . N.° 15

Au troisième, on placera la pointe de l'épée dans le fourreau, la faisant entrer d'un pouce . . . . N.° 16

Au quatrième, on achèvera d'enfoncer l'épée dans le fourreau . . . . . . N.° 17

6.

Joignez la main droite à vos armes.

En un temps, ramenant le pied droit derrière le gauche et faisant un demi à droite, on placera le fusil et les deux mains dans la position prescrite au quatrième temps du premier commandement . . . . N.° 9

7.

Remettez la baguette en son lieu.

En deux temps : Au premier, saisissant le petit bout de la baguette avec le pouce et le premier doigt de la main droite, on la retirera par deux mouvemens très vifs, comme il est dit au premier temps du troisième commandement, pour la reporter par le petit bout sur le ceinturon, glissant la main à environ six pouces de l'extrémité . . . . N°. 18.

Au deuxième, on la fera entrer dans le tenon, jusqu'à ce que la main touche le bout du canon; et déployant ensuite le bras, on la poussera avec force pour la faire entrer d'un seul mouvement qui ramènera la main droite au bout du fusil, qu'elle empoignera tout de suite . . . . N°. 9.

8.

Remettez la bayonnette en son lieu.

En deux temps: Au premier, on déboîtera d'un seul mouvement la bayonnette du canon, et on la tiendra empoignée comme au deuxième temps du second commandement . . . . N°. 8

Au deuxième, on la remettra dans le fourreau . . . . N°. 7

9.

Joignez la main droite au fusil.

En un temps: on reportera la main droite au bout du canon . . . . N°. 6

10.

Portez le fusil.

En trois temps: Au premier, quittant le fusil de la main droite on l'élèvera devant soi de la main gauche, la portant à la hauteur du menton, et on le saisira de la main droite au dessous de la platine, prenant la position prescrite au deuxième temps du premier commandement . . . . N°. 4

Au deuxième, faisant face en tête et frappant du pied droit pour le ramener à côté du gauche, on portera le fusil de la main droite à plomb vis-à-vis l'épaule gauche, le canon en dehors, on placera en même temps la main gauche à la crosse, les trois derniers doigts sous le talon, le premier doigt sur la vis, et le pouce au dessus . . N°. 3

Au troisième, on appuyera la crosse de la main gauche au dessus du pli de la cuisse, de manière que le mouvement en soit libre; la sousgarde se placera en même temps appuyée environ à deux pouces au dessous du défaut de l'épaule, l'arme étant portée de façon que le canon ne penche ni du côté de la tête ni en dehors, le coude gauche près du corps sans être gêné, et en même temps la main droite tombera pendante sur le côté . . . N°. 2

L'exercice de l'inspection étant fini, le Major fera faire un roulement, auquel tous les Officiers et Sergens reprendront leur place ordinaire, à la réserve des Commandans.

Il dira ensuite :

Bataillon (ou Bataillons) on va faire l'Exercice.

Puis il fera les commandemens pour faire serrer les rangs en avant.

Il fera donner ensuite un coup de baguette : alors tous les Officiers ôteront ensemble leur chapeau de la main droite, ainsi que les sergens ; et ayant remis leur chapeau, les Officiers feront à droite et à gauche. Les Sergens du premier rang ne bougeront, et ceux du dernier rang feront demi-tour à droite.

Ensuite le Major fera appeler, et tous les Officiers et Sergens partiront du pied gauche ; savoir, les Sergens du premier rang pour s'avancer cinquante pas en avant du bataillon, faisant marcher devant eux tout ce qui pourroit en embarrasser le front ; les officiers, pour aller, passant par les intervalles des pelotons, se placer derrière le bataillon ; les Capitaines, à huit pas du dernier rang ; les Lieutenans et les Enseignes, à quatre pas ; les Sergens de garde aux drapeaux, à côté des Enseignes ; et les Sergens de la queue, douze pas en arrière du dernier rang du bataillon.

En passant par l'intervalle des pelotons, les Capitaines marcheront les premiers, et les Lieutenans ensuite : les Enseignes, précédés de leurs Sergens, partiront du second rang du cinquième peloton pour passer à droite et à gauche des quatre Soldats du troisième rang qui sont derrière eux, lesquels feront un pas en arrière pour leur faire place, et se remettront aussitôt que les Enseignes auront passé.

Les Sergens des Grenadiers et du piquet qui fermeront la droite et la gauche du régiment ou du bataillon, feront à droite et à gauche en même temps que les Officiers et ils marcheront de même quand on appelera, pour se placer à douze pas des flancs du régiment ou du bataillon.

Le Colonel, le Lieutenant-colonel et les commandans de bataillon, resteront en avant du centre à la hauteur du Major : les Aide-majors se tiendront sur les flancs du régiment ou du bataillon.

Alors tous les Tambours ayant fait un demi-quart de conversion pour faire face au Major, viendront en appelant par le chemin le plus court, jusqu'à la hauteur nécessaire, pour que, par un second demi-quart de conversion contraire au premier, ils se trouvent réunis sur un seul rang à quatre pas derrière le Major, le dos tourné au régiment, observant d'arriver ensemble. Ils auront soin, en partant de la place qu'ils occupoient sur le flanc du bataillon, de se former sur un seul rang de chaque côté; ce qu'ils exécuteront en marchant, le premier rang de ceux de la droite faisant le pas oblique à droite, et le second à gauche, et les autres au contraire. Lors que le Major leur en fera le signal, ils cesseront de battre, et feront en même temps demi-tour à droite pour faire face au régiment.

Les Officiers et Sergens qui auront marché pour prendre leurs postes, comme il a été dit ci-dessus, resteront arrêtés jusqu'à ce que le Major ait fait cesser de battre; dans ce moment ils feront un demi-tour à droite pour faire face au régiment, salueront du chapeau, et ils se reposeront sur leurs esponton et hallebarde, sans quitter leur place, jusqu'à la fin de l'exercice, et dans un grand silence, observant que tous ces mouvemens se fassent ensemble.

Le Major fera ensuite les commandemens ci-après.

COMMANDEMENS POUR LE MANIEMENT DES ARMES.

1.

Préparez vous à faire l'exercice.

À ce commandement les Soldats s'ouvriront un peu sur les aîles de leurs pelotons en se jetant brusquement de côté, et ils auront attention à se poster les deux talons sur une même ligne, séparés l'un de l'autre d'environ deux pouces, les épaules effacées, la poitrine en avant, le corps droit et bien à plomb, le fusil porté comme il est dit au dixième commandement de l'inspection, la tête haute et tournée sur la droite pour partir en même temps que le Soldat de sa droite; excepté celui de la première file de la droite du bataillon ou du régiment, qui devra regarder attentivement le Major pour partir immédiatement après le dernier mot du commandement lors que le maniement des armes s'exécutera à la voix, et aussitôt après le coup de baguette quand il sera exécuté au son de la caisse.

Ils observeront tous de mettre une seconde entre l'exécution de chaque temps des commandemens qui en ont plusieurs.

Celui qui commandera l'exercice mettra deux secondes de repos entre la fin de l'exécution d'un commandement et le commencement du suivant, et ce même intervalle sera observé par les Soldats quand ils feront l'exercice à la muette.

Pour mettre toute la précision possible dans ces différens repos, on accoûtumera les Soldats à compter, un, deux, dans le temps d'une seconde, et à répéter cette for‑mule autant de fois qu'ils auront de secondes à attendre pour exécuter les mouve‑mens, sans faire avancer de soldat hors du rang pour leur servir de modèle.

Quant à l'exécution des mouvemens, on aura attention que les Soldats y employent la plus grande vivacité, qu'ils arrivent à l'objet proposé par la voie la plus courte, passant toûjours leurs armes tout près du corps, sans souffrir au‑cuns mouvemens allongés, et qu'à la fin de chaque temps il y ait une cessation totale de mouvement.

2.

Passez le fusil du côté de l'épée.

En quatre temps, comme au premier commandement pour l'inspection . N°. 3. 4. 5. 6.

3.

Mettez la bayonnette au bout du canon.

En trois temps, comme au deuxième commandement pour l'inspection ... N°. 7. 8. 9.

4.

Portez vos armes.

En trois temps, comme au dixieme commandement pour l'inspection .. N°. 19. 20. 21.

5.

À droite .... N°. 22.

6.

À gauche .... N°. 21.

Ces deux commandemens s'exécuteront chacun en un temps, en tournant sur le talon gauche, et portant le droit sur la même ligne, ayant attention de garder toûjours le même intervalle de deux pouces entre les deux talons, de ne point laisser chanceler le corps ni les armes, de ne tourner ni trop ni trop peu, et d'exé‑cuter les mouvemens brusquement sans sauter.

7.

Demi-tour à droite .... N°. 23. 24. 25.

8.

Demi-tour à droite.

Ces deux commandemens s'exécuteront chacun en trois temps.

Au premier, on portera le pied droit derrière le gauche, les deux talons à quatre pouces de distance l'un de l'autre............................N°. 23.

Au deuxième on tournera sur les deux talons par la droite, jusqu'à ce que l'on fasse face du côté opposé..........................N°. 24.

Au troisième on reportera le pied droit à côté du gauche sans frapper.....N°. 25.

9.

Haut les armes.

En deux temps : Au premier, on portera la main droite sous la platine, sans mouvoir le fusil............................N°. 19.

Au deuxième, en retournant le fusil on le portera devant soi entre les deux yeux, le canon en dedans la main droite embrassant la poignée du fusil près de la soûgarde ; on saisira en même temps le fusil de la main gauche, la tenant à la hauteur de la cravate et près de l'extrémité supérieure de la platine, le pouce alongé le long du bois, le bas de la crosse appuyé contre le ventre..................N°. 26.

10.

Apprêtez vos armes.

En un temps : les Soldats du premier rang mettant le genou droit en terre à trois pouces sur la droite, et dix à douze pouces en arrière du pied gauche, poseront la crosse à terre vis-à-vis le genou, tenant le fusil à plomb, le corps droit et en arrière, et ils armeront en même temps le fusil en portant la main droite au chien, dont ils saisiront l'extrémité avec le pouce et le premier doigt.....N°. 27.

Les soldats du deuxième rang passeront le pied droit à trois pouces en équerre derrière le gauche, tournant sur le talon gauche et effaçant le corps à droite..........N°. 28.

Ceux du troisième rang porteront le pied droit trois pouces en arrière de la place qu'il occupoit, sans effacer le corps ; et les soldats de ces deux derniers rangs armeront en même temps le fusil en mettant le pouce sur le chien..............N°. 29.

11.

En Joue.

En un temps : les soldats des trois rangs appuyeront la crosse à l'épaule droite, le coude droit serré, et ajustant devant eux, ils placeront le premier doigt dans la soûgarde et le pouce sur la poignée, ceux du premier rang observant d'avoir toûjours le corps en arrière . . . N.° 30.

12.

Feu.

En un temps : on appuyera avec force le premier doigt sur la détente, sans baisser la tête ni faire aucun autre mouvement; et aussitôt après, le premier rang se relevant brusquement, on retirera les armes vivement, la main gauche glissant jusqu'à la capucine, la crosse sous le bras droit, le bout du canon plus élevé d'un pied et demi que le bassinet, la platine vis-à-vis la poitrine, la soûgarde un peu en dehors et à la hauteur du teton droit, le coude gauche collé au corps, les deux premiers doigts, et le pouce de la main droite sur le chien, prêt à le mettre en son repos. A l'égard des pieds, on rapprochera le droit à deux pouces et en équerre derrière le gauche, les trois rangs faisant presque face à la droite . . . . N.° 31.

13.

Mettez le chien en son repos.

En un temps : on relevera le chien du fusil avec le pouce et le premier doigt, jusqu'à ce qu'il s'arrête dans le cran du repos, et tout de suite on remettra la main droite appuyée contre la poignée du fusil . . . . N.° 32.

14.

Prenez la cartouche.

En un temps : on portera brusquement la main au porte-cartouche pour en tirer la cartouche . . . . N.° 33.

15.

Déchirez la avec les dents.

En deux temps : Au premier, on portera la cartouche à la bouche pour la déchirer. N.° 34
Au deuxième, on la portera brusquement près du bassinet . . . . N.° 35.

16.

Amorcez.

En un temps : tenant la cartouche des deux premiers doigts, le pouce sur l'ouverture, on remplira le bassinet de poudre, et à la fin du temps on portera la main droite derrière la batterie . . . . N.° 36.

17.

Fermez le bassinet.

En un temps : on fermera le bassinet avec les deux derniers doigts, tenant toujours la cartouche des deux premiers doigts, et on reposera la main droite derrière la platine, saisissant la poignée entre les deux derniers doigts et la paume de la main . . . . . . N°. 37.

18.

Passez vos armes du côté de l'épée.

En trois temps : Au premier, on effacera le corps un peu à gauche en rapprochant le pied droit en équerre derrière le gauche, et on portera en même temps le fusil perpendiculaire devant soi du côté gauche, le canon en dehors, faisant glisser la main gauche au milieu du canon pour prendre l'attitude prescrite au second temps du premier commandement de l'inspection . . . . N°. 38.

Aux deuxième et troisième, comme aux troisième et quatrième du premier commandement pour l'inspection, excepté que l'on saisira le bout du canon seulement avec les deux derniers doigts de la main droite . . . . N°. 39. 40.

19.

Mettez la cartouche dans le canon.

En un temps : on mettra la cartouche dans le canon, et on saisira en même temps la baguette avec le pouce et le premier doigt, comme il est dit au premier temps du troisième commandement pour l'inspection . . . . N°. 41.

20.

Tirez la baguette.

En un temps : on tirera la baguette comme il est dit au premier temps du troisième commandement pour l'inspection . . . . N°. 10.

Quand un soldat fera tomber par mal-adresse sa baguette, son chapeau ou sa bayonnette, en quelque temps de l'exercice que ce soit, il ne la ramassera point, et attendra que l'Officier qui commandera l'exercice, donne ordre à un sergent de le faire.

21.

Bourrez.

En un temps : on portera la baguette brusquement de biais au bout du canon, dans lequel on la chassera vivement, et on la retirera en même temps pour la reporter par le petit bout sur le ceinturon, comme au premier temps du septième commandement pour l'inspection . . . . N°. 18.

22.

Remettez la baguette en son lieu.

En un temps, comme au deuxième du septième commandement pour l'inspection . . . N°. 9.

23.

Portez vos armes.

En trois temps, comme au dixième commandement pour l'inspection . N°. 19..20..21.

24.

Présentez vos armes.

En trois temps, les deux premiers comme au neuvième commandement   N°. 20..26.

Au troisième, en retirant le pied droit en équerre à deux pouces derrière le gauche, et faisant toûjours face en tête, on abaissera le fusil à plomb vis à vis l'œil gauche, la baguette en avant, le bras droit étendu dans toute sa longueur, et l'avant bras gauche collé au corps. Les mains ne changeront point de situation, on abaissera seulement le pouce de la main gauche derrière le canon . . . . . N°. 42.

25.

Portez vos armes.

En deux temps : Au premier, en frappant du pied droit et le plaçant à côté du gauche, on relevera le fusil de la main droite, tournant le canon en dehors, et on le placera dans la position indiquée au deuxième temps du Dixième commandement pour l'inspection . . . . N°. 20.

Au deuxième, comme au troisième temps du même commandement . . N°. 21.

26.

Passez vos armes du côté de l'épée.

En quatre temps, comme au premier commandement pour l'inspection N°. 20..19..43..9.

27.

Remettez la bayonnette en son lieu.

En deux temps, comme au huitième commandement pour l'inspection N°. 8..7.

28.

Joignez la main droite au fufil.

En un temps, comme au neuvième commandement pour l'inspection . . . . . N°. 6.

29.

Portez le fufil.

En trois temps, comme au dixième commandement pour l'inspection N°. 4. 3. 2.

Le Major fera ensuite les commandemens pour ouvrir les rangs en arrière; les Officiers et Sergens qui sont derrière le régiment, suivront les mouvemens du troisième rang, faisant demi-tour à droite; marchant douze pas, et se remettant ensuite : les Sergens des Grenadiers et de piquet qui sont à la hauteur du troisième rang, feront en même temps à droite ou à gauche pour suivre aussi le mouvement du troisième rang; après quoi le Major continuera :

30.

Paſſez la platine fous le bras gauche.

En quatre temps : le premier, comme au premier commandement pour l'inspection . . N°. 3.

Au deuxième, on portera le fusil de la main droite vis-à-vis l'épaule gauche, le pouce le long du revers de la platine, le canon en dehors; et on l'empoignera de la main gauche à un demi pied de la partie supérieure de la platine, à la hauteur du menton, ayant le pouce alongé sur la baguette pour la contenir. . . . . N°. 44.

Au troisième, on passera la platine sous le bras gauche, la main droite accompagnant le fusil jusque sous le bras, le bout du canon environ à un pied de terre . . . . . N°. 45.

Au quatrième, on laissera tomber la main droite pendante . . . . N°. 46.

31.

Portez le fufil.

En trois temps : Au premier, on reportera le fusil devant soi de la main gauche, en le relevant et le saisissant en même temps de la main droite au dessous de la platine, le pouce le long du revers de la ditte platine, le canon en dehors, la main gauche à la hauteur du menton . . . . N°. 47.

Au deuxième, on placera la main gauche sous la crosse dans la situation prescrite au deuxième temps du dixième commandement pour l'inspection . . . . . . N°. 3.

Au troisième, comme au dernier temps du même commandement . . . N°. 2.

32.

Renversez le fusil.

En cinq temps: Aux deux premiers, comme au neuvième commandement N°. 3..48.

Au troisième, en retournant la main gauche et alongeant les bras, on renversera le fusil, le bout du canon en avant, la crosse passant entre le bras droit et le corps; et plaçant le fusil à plomb, la crosse haute entre les deux yeux, le canon en dehors, on l'empoignera tout de suite de la main droite entre le chien et la crosse . . . N°. 49

Au quatrième, on passera le fusil renversé sous le bras gauche, glissant la main gauche le long du canon, de façon que la crosse soit appuyée à l'épaule.. N°. 50

Au cinquième, on détachera la main droite du fusil, la laissant tomber pendante. N°. 51

33.

Portez le fusil.

En quatre temps: Au premier, on reportera le fusil devant soi de la main gauche, et l'on joindra tout de suite la main droite à la même place qu'au troisième temps du commandement précédent . . . . N°. 49.

Au deuxième, la main gauche se renversera et retournera le fusil, le bout du canon en avant, pour le placer dans la même position qu'au deuxième temps du neuvième commandement . . . . N°. 48

Au troisième, en retournant le fusil de la main droite, on le placera dans la situation prescrite au deuxième temps du dixième comandement pour l'inspection. N°. 3

Au quatrième, comme au troisième du même commandement . . . N°. 2

34.

Portez l'arme au bras.

En trois temps: Au premier, comme au premier temps du premier — commandement pour l'inspection . . . . N°. 3

Au deuxième, la main gauche quittant la crosse, se placera dans l'habit sur la poitrine, et on appuyera le chien du fusil sur l'avant-bras gauche sans détacher l'arme de l'épaule. N°. 52

Au troisième, on laissera tomber la main droite pendante . . . . N°. 53

35.

Portez le fusil.

En trois temps: Au premier, on portera la main droite à la poignée du fusil.. N°. 52

Au deuxième, la main gauche se placera sous la crosse, et fixera le fusil dans la position ordinaire . . . . N.° 3.

Au troisième, la main droite tombera pendante . . . . N.° 2.

36.

Reposez vous sur le fusil.

En quatre temps: les deux premiers comme au neuvième commandement. N.° 3. . 48.

Au troisième, portant le fusil de la main gauche au côté droit, on l'empoignera de la main droite à la hauteur du chapeau, le tenant à plomb, la soûgarde en dehors. N.° 54.

Au quatrième, on laissera tomber le fusil à terre, à la droite de la pointe du pied droit, la soûgarde en avant, observant de lever le pied en même temps que le fusil arrivera à terre, et de le replacer aussitôt en frappant, et la main gauche tombera pendante sur le côté . . . . N.° 55.

37.

Posez le fusil à terre.

En quatre temps: Au premier, en même temps qu'on tournera le fusil le canon vers le corps, on fera à droite sur le talon gauche, on placera le pied droit derrière la crosse du fusil, et on mettra la main gauche derrière le dos pour saisir la bretelle de la giberne . . . . N.° 56.

Au deuxième, laissant couler la main jusqu'à la moitié du canon, on fera un pas de deux pieds en avant du pied gauche, et en courbant le corps brusquement l'on couchera le fusil par terre la platine en dessus . . . . N.° 57.

Au troisième, on se relèvera en retirant le pied gauche et tenant le bras droit pendant . . . . N.° 58.

Au quatrième, on tournera sur le talon gauche pour faire face en tête, le pied droit se replaçant à côté du gauche, et la main gauche quittant la bretelle de la giberne, tombera pendante sur le côté . . . . N.° 59.

38.

Reprenez le fusil.

En quatre temps: Au premier, on tournera à droite comme ci-devant, plaçant le pied droit derrière la crosse du fusil, et la main gauche saisira en même temps la bretelle de la giberne derrière le dos . . . . N.° 58.

Au deuxième, on fera un pas en avant du pied gauche, se courbant pour re: prendre le fusil avec la main droite à la moitié du canon . . . . N°. 57

Au troisième, on se relèvera, tenant le fusil à côté de soi le canon vers le corps . . . . N°. 60

Au quatrième, la main droite glissant sur le canon pour le tenir à la même place où elle étoit au quatrième temps du trente-sixième commandement, re: tournera le fusil la soûgarde en avant, la main gauche tombera pendante, et on tournera à gauche sur le talon gauche, en ramenant le pied droit à sa place . . . . N°. 55

39.

Portez le fusil.

En quatre temps. Au premier, on élèvera le fusil de la main droite en le rapprochant du corps, et la main gauche le saisira au dessus de la —— platine . . . . N°. 61.

Au deuxième, on le ramènera devant soi de la main gauche, la main droite le saisissant sous la platine dans l'attitude prescrite pour faire haut les armes au deuxième temps du neuvième commandement . . . . N°. 48

Les troisième et quatrième, comme les troisième et quatrième temps du trente-troisième commandement . . . . N°. 3. 2

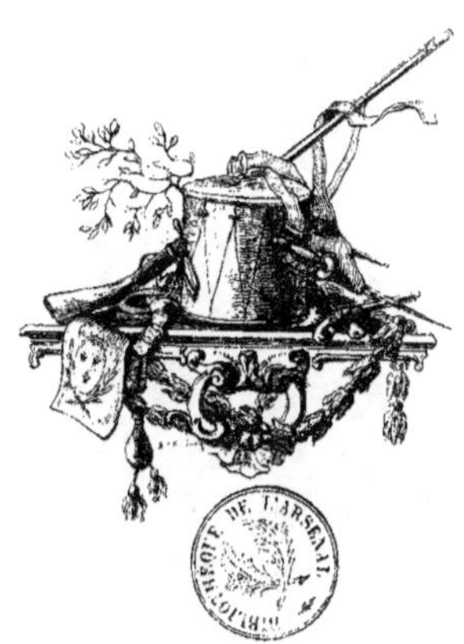